Alumbramentos

Maria Lúcia Dal Farra

ALUMBRAMENTOS

Poesia
ILUMINURAS

Copyright © *2011*
Maria Lúcia Dal Farra

Copyright © *desta edição*
Editora Iluminuras Ltda.

Capa
Eder Cardoso / Iluminuras

Foto da capa
imagem (*Boked texture*) extraída do
site livre www.sxc.hu. Fotógrafo anônimo.

Revisão
Ana Luiza Couto

CIP-BRASIL. CATALOGAÇÃO-NA-FONTE
SINDICATO NACIONAL DOS EDITORES DE LIVROS, RJ

D142a

Dal Farra, Maria Lúcia, 1944-
 Alumbramentos / Maria Lúcia Dal Farra. - 1. ed. - São Paulo :
Iluminuras, 2011 - 2. reimp. 2012.

ISBN 978-85-7321-326-3

1. Poesia brasileira. I. Título.

10-2748.	CDD: 869.91
	CDU: 821.134.3(81)-1
11.06.10 21.06.10	019702

2012
EDITORA ILUMINURAS LTDA.
Rua Inácio Pereira da Rocha, 389 - 05432-011 - São Paulo - SP - Brasil
Tel./Fax: 55 11 3031-6161
iluminuras@iluminuras.com.br
www.iluminuras.com.br

*À memória de
Haquira Osakabe
e Iry Domene*

SUMÁRIO

Esclarecimento, 15

ANNE SEXTON
Ao leitor, meu canibal inquieto, 19
Medindo forças, 20
Canção para uma camisa branca, 21
Perfumes, 22
Celebração da vida, 23
Amor, 24
Vestuário noturno, 25
O fuso das Parcas, 26
Descompasso, 27
Mágica, 28
O musgo da minha pele, 29
Artes, 30
Billie Holiday, 31
Trabalhos de agulha, 32
Mulher no banho, 33
Primeiro de ano, 34
Triunfo da vida, 35
Loucura, 36

CINCO SONETOS PARA MARIANA ALCOFORADO
Soneto sentencioso, 39
Soneto perverso, 40
Soneto infeliz, 41
Encontro, 42
Transfiguração, 43

LORCA
Alada, 47
Pastoral, 48
Lembrança futura, 49
Lírica até, 50
Noite de São João, 51
Amor tirano, 52
Rosto geográfico, 53
Tema com asa dentro, 54
Quimera, 55
Hora molhada, 56
Réa, 57
Instantâneo arredio, 58
Prodígio, 59
Miragem sertaneja, 60

DALI
Garota com cachos, 63
O Concílio Ecumênico, 64
Velásquez pintando a Infanta Margarida
   com as luzes e as sombras da sua própria glória, 65
O primeiro dia da Primavera, 66
Ilustração para Três Bicos, 68
O desmamar da mobília-nutrição, 69
Natureza-morta vivente, 70
Esfinge de açúcar, 71
Três moças surrealistas segurando nos
   seus braços as peles de uma orquestra, 72
A mão, 74

VAN GOGH
O bom samaritano, 77
Retrato do escritor belga Eugene Boch, 78
Chaminés ao cair do sol, 79
Vaso com rosas, 80
Lembranças de um jardim, 81
Ruela nas Santas Marias, 82
Retrato de Joseph Roulin, sentado, 83
Festa do 14 de Julho, 84
A pastora, 85
Natureza-morta com limões, 86
A italiana, 87
Noite estrelada sobre o Rhône, 88
A sala de dança nos Arles, 89

MAX ERNST
Ernst, 93
Le baiser, 94
Femme, veillard et fleur, 95
Les pléiades, 96
Pietà ou La révolution la nuit, 97
Les hommes n'en sauront rien, 98
Max Ernst, 99
Palimpsesto, 100

RILKE
Musa, 103
Poética, 104
Seca, 105
Penteando uma cabeça grega, 106
Punhados para um poema, 108
Samambaia, 109
Dançarina espanhola, 110

Sina, 111
Poema, 112
Mudas cinzas, 113
Rilke, 114

KLIMT
O amor, 117
Águas moventes, 118
Retrato inacabado de Johanna Staude, 120
Alegria, bela estrela divina, 121
A esperança, 122
O idílio, 123
A fábula, 124
Arte egípcia. Antiguidade grega, 125
Macieiras, 126
Serpentes da água, 127
Secessão (antes da censura), 128
O grande peuplier antes da tempestade, 129

LA DAME À LA LICORNE
La dame à la licorne, 133
Reverberação, 134
O ouvido, 135
O espelho, 136
Leão e licorne, 137
Obra ao branco, 138
Os muitos, 139
Cabala, 140

SOBRE A AUTORA, 141

ALUMBRAMENTOS

> Ó palimpsestos humanados!
> Esse o imensíssimo poema
> onde os outros se entrelaçaram,
> datas, números, leis dantescas,
> início, início, início, início.
>
> Jorge de Lima, *Invenção de Orfeu*

Refleti que é lícito ver no Quixote "final" uma espécie de palimpsesto (...): a técnica do anacronismo deliberado e das atribuições errôneas.

> Borges, *Pierre Menard, autor do Quixote*

> Apenas o que está vivo
> pode morrer. Palavras, uma vez ditas, atingem
> o silêncio. Só pela forma, pelo modelo,
> podem as palavras ou a música alcançar
> o repouso, tal qual um jarro chinês ainda
> se movimenta, perpétuo, na sua quietude.
>
> T.S. Eliot, *Four Quartets*

ESCLARECIMENTO

Que o talento mais íntimo da literatura consista no acasalamento de uma escrita com outra, no alvoroço de diferentes digitais em comércio de amor entre si — ninguém duvida. Daí que se fale (para figurar tal faculdade assim tão intrínseca às artes) em camadas sobrepostas e apertadas em regime de imantação e de vasos comunicantes, que deixam transparecer (estilhaçados e intervalares) os fulgores e brilhos alheios no resultado único e particular que cada obra sempre é. A palavra de ordem mora no reconhecer como sua uma certa comunidade literária. E é assim que a poesia entremostra, no seu tecido próprio, o outro, o outro e ainda muitos mais: as variegadas linhagens e linguagens de que se compõe — consistindo ela mesma nesse pequeno milagre: um pessoal prodígio coletivo. Eis por que nenhum artista se encontra só — sua solidão é sempre povoada. Cidadão de uma nação tão populosa quanto aquela que não apenas a sua leitura é capaz de abraçar, o poeta (quero crer) abre uma fresta irrequieta por onde se pode ler, in absentia, *toda a arte.*

Refiro isso a propósito da natureza dos versos e da dificuldade pessoal de nomear o volume que ora apresento. Como este sinaliza em direto (no título dos capítulos) a prevalência de um ou de outro dos seus pares (subtraindo a dos muitos que ali não estão sequer sugeridos, mas que aos poemas se infiltram subjacentes ou em estado de limbo), o meu livro poderia ser dito simples palimpsestos — na exata formulação alquímica em que os conheci nos reservados da Biblioteca Nacional de Paris. Densidade de caligrafias anárquicas e em franca algaravia, preenchendo os mais diminutos brancos da página e cada ínfimo espaço do manuscrito, (e a crer no sentido histórico das escritas) disputando em seguida os mais microscópicos segmentos livres entre uma e outra letra — tais pergaminhos acabam por resultar numa cerrada mescla de incontáveis mensagens particulares, num emaranhado espesso de todos os imperscrutáveis resíduos e demãos que os foram engendrando e abarrotando ao longo dos tempos.

Pois é esta a natureza genuína do que aqui se expõe: interpostas pessoas e vozes, tremeluzes e ecos de leituras, arremedos de glebas alheias, simulacros de benquerenças, embaralhados hologramas e (com Rimbaud e Artaud) usurpações e perversos decalques — letras que (como se vê) só sobrevivem emprenhadas. O que converte esta obra numa morada dilatada, num livro de simultâneos, num compêndio de partilhas (repare-se a insistência das dedicatórias), em pasto de parceiros de muitas idades (por vezes, até retrôs): num — para falar com e sem Drummond — brechó de almas.

Socorro-me, portanto, de uma tripulação imprópria, de segundas e terceiras pessoas, volteando e transfigurando (heterofagicamente) aquilo que nelas me seduz: para ficar trancada, como diria a Sexton, em casa errada. Desse modo, posso praticar uma caligrafia que se inscreva no permeio, mas que busque (para lembrar Clarice) o oco do ar.

Novidade? Nenhuma. Toda a literatura (toda a arte) é como estes poemas: consubstancial. E o título deste livro poderia ser qualquer um ou todos destes muitos de que andei me valendo para falar a respeito. Fico com o que se sabe: alumbramentos; porque quero para mim o regaço de Bandeira, e também porque, com esse vocábulo, me é facultado sugerir maravilhamentos (o ímã que me atrai a essas obras) e ofuscamento: aquilo que há de encandeante na minha própria lavra. Ou seja: o lustroso título tem a vantagem de designar (para embaralhar o leitor) tanto o pecúlio de luzes latentes nas obras alheias colhidas por mim quanto a ilusão de vida própria dos meus versos.

E, como se trata de esclarecimento, peço tão só que observem que, quanto a mim, contento-me em ser apenas uma mera passageira de lumes.

Maria Lúcia Dal Farra

ANNE SEXTON

> Já agora me dou toda:
> sou tua filha, tua guloseima.
>
> Anne Sexton, *O sol*

> Encontro-me dentro da minha própria mente,
> mas trancada em casa errada.
>
> Anne Sexton, *Para o ano dos insanos*

AO LEITOR, MEU CANIBAL INQUIETO

Cada palavra
(aqui)
se obstina em silêncio.

Contigo devoro os frutos da noite:
lua caiada em agonia
alguma chuva esparsa do lado boreal
poeira de estrelas profanando
o negro.

Só nossos dentes
brilham
feito astros.

MEDINDO FORÇAS

Com seu nervo apressado
(e insolente)
sobe a trepadeira
a vinheta do meu poema.

Sacudo com a mão
o arbitrário do percurso
e com a caneta
altero o vocábulo —
soberana.

Que um raio desfaça
essa certeza
e semeie luz vária
onde a bifurcação floresça.

CANÇÃO PARA UMA CAMISA BRANCA

A Ipê Dourada

A camisa subtraída ao varal
abre um furo
na roupa branca estirada.
Ali quem sabe
(à noite)
a lua devasse
(com seu holofote)
as dolorosas cortinas da ausência.

Enquanto isso
meus cabelos crescem como campos de milho
só para acolher teu espantalho.

Enquanto isso
exploro com as mãos o grosso tronco da árvore
para abraçar nele

teu torso nu.

PERFUMES

A lavanda de jasmim
é chama de abelhas
dos teus olhos sobre mim.
Alinhava seu aroma o da malva,
(a aliada)
a instrutora do tato:
ávidos dedos a ramagem engendra.

Alfazema é para as prendas
da minha intimidade:
para a carícia do seio
para o beijo entre as pernas

para o mergulho nas trevas.

CELEBRAÇÃO DA VIDA

A M. Fernanda M. Guimarães

Toco o meu umbigo e
(nele)
a campânula do antigo devaneio
— hera que me alça para um ventre
(que não o meu)
urna que vasculho com sonâmbulos dedos.

O corredor se afila
e me comprime,
asfixio. Sigo por um rio
entre vales fantásticos
— tarda o sol.

Nascer é difícil —
e disso conservo o sinal.

AMOR

A M. Fátima Dal Farra

A hipótese de navegação
reside sempre
em acordos tácitos:
da maré com o sol, com a lua,
do sal com a palma das mãos
(harmoniosas no mergulho).

Para além destes
é preciso saber dos ventos,
da tensão das rochas,
do equilíbrio dos fundos.

Só então estabelecer a rota
e guiar-se em direção
a quantos naufrágios
a vontade do mar

permitir.

VESTUÁRIO NOTURNO

A Alice Ruiz

A lua cheia aplica adereços
no vestido de cetim negro
que a noite porta no meu corpo.
Se ela se esconde
oculta consigo
o bico do meu seio,
que salta toda vez que a massa de nuvens
o acaricia.

As manchas dos astros
no escuro
são carunchos do tempo.
Há na lua um mapa pedindo decifração.

Que parte do céu me pertence?

O FUSO DAS PARCAS

A Lalau Mayrink

A velha cose a colcha de retalhos.
Um chapéu rola na estrada deserta.
Tudo soa como longo apito de locomotiva entrando na
[noite —
na mansa mão do tempo,
que engolfa.
A escuridão se arrepia nesta escrita.
A vela da esperança queima a minha mão.

Mesmo assim
não há meios de suster o brilho com que a estrela dalva
desperta
(amanhã)

a rouca voz do galo.

DESCOMPASSO

A Iná Camargo Costa

Pasmo diante
da última Florbela
— a que frequentava o Jardim Público de Évora.
Me extasio diante da aquarela de Van Gogh,
amarelo dilatado em incisivo sol diário.
Choro diante da fotografia do meu pai
com a idade em que podia
(agora)
ser meu filho.

A emoção é em mim imperatriz
e ela me martiriza
o quanto quer.

Trapezista amante do circo,
fico sem vigas para sustentar o dia.

MÁGICA

A árvore emaranhada cogita o seu fruto
enquanto ruídos cochicham
longínquo anseio.

Minhas coxas fortes, sábias de amor,
se abrem ao vento e à areia —
exibem o nicho dos dias futuros:
a lógica dos peixes
a máquina jovial do esplendor.

A natureza
(pressurosa)
desenha formas voluptuosas entre colinas,
pastagens onde a mão se assanha,
céus cortados por arrepios.

Já uma enchente me invade
e transborda em aves acarinhando manhãs,
em riachos circundando pinhais
que
(embalados)
cantam e cantam

dando cheiros ao ar.

O MUSGO DA MINHA PELE

Agradeço aos dias
os frutos que pendem das árvores
e até os tristonhos salgueiros que sussurram teu nome.
Mesmo que oponhas pedras e deslizantes limos a meu
[peito
(onde antigos fantasmas ainda se digladiam)
este território continua posse tua.
Aqui
nenhuma sombra se ausenta —
os rios correm familiares
e os animais (ciosos) se dizem seduzidos pelo
teu cheiro.
Te espero e me ofereço sem pejo:

já as abelhas sugam a cerca viva dos meus limites.

ARTES

Ao Francisco José

Não distingo o que queres
e nem triunfo sobre
o enigma que nos atrai
(assim dessemelhantes).
Mas se adivinho o que há dentro do teu cenho
e se (acaso)
empreendo o que (querendo) não fazes por
consumar —
ganho (em troca)
a solidão patética de quem erra
por acertar.

O amor é isso:
cisco que tolda a vista
tão só pra se enxergar.

BILLIE HOLIDAY

Tua voz ergue parreiras
por onde coalhas a luz
e uma surdina recobre a vida
— vinho que o ouvido traga
para tocar direto a libido
(como se com dedos fosse).

Tua garganta tem unhas de gato
(sustenidas)
aéreas orquídeas lilases
pelúcia com que forras a clave
(o sofá)
a enternecer o embriagado ouvinte
que devaneia sobre o teu corpo
enquanto lhe emprestas apenas

o teu sopro.

TRABALHOS DE AGULHA

A Joésia Ramos

Alinhavo os dias nas asas de um passarinho
e (branca) a andorinha voa —
peito pintalgado em carmesim
pelas picadas do meu desnorteio:
lateja-me o dedo.

A simetria do riscado
para mim mesma espicaço
e (definitiva) saio de casa. Limites?
Quero arribar a sós.

Com que prazer distendo do bastidor
a seda,
a madeira dos arcos fraturo,
desfaço o traçado
— por puro gosto de recomeçar!
Mas a linha insiste na malha antiga.
Ah, lavá-la, esticá-la,
livrá-la da memória.

Como fiquei presa nos pontos?

MULHER NO BANHO

A Iara Wisnik

Enquanto se banha,
rios, fontes, oceanos
relembram nela antanhos:
ondas e afluentes,
leitos e correntes
remota nascente — amplidão.
Estreito (embora) no chuveiro,
um transbordo de júbilo
desliza
pelas curvas dela.
A pele em frenesi estremece
e alegre se reconhece
refém das águas do mundo —
prazer que a deleita e que a afaga
que quase a afoga de gozo.
Gotejam cerejas
pingos de lima e limão,
poesia, serenos,
— seda.
A água amacia, delicia.
Murmura enigmas do líquido:
cede-lhe o submerso.

Banhada,
a aprofundada mulher emerge
(agora)
a saciar qualquer sede.

PRIMEIRO DE ANO
À memória de Dulce Helena A. P. Ramos

As estrelas
(pregos furando a noite)
disfarçam com luzes
o sacrifício pedido ao tempo:
ideia de vazamento de outra esfera,
de espera —
de seiva nova pingando
na vida antiga.

Um galo canta a desoras
para dar vivo acento ao dia que recomeça:
reconheça-se (por favor)
na era que desperta
o outro tanto daquela que era.

Com esporões,
a ave machuca o solo desse princípio
mas traça a mesma senda.
Bica a memória
pra que ela acorde

— e se renove.

TRIUNFO DA VIDA

A Haquira Osakabe

O fósforo das estrelas acende rápido a noite.

Quente é o aroma do jasmim
convocando o cio.
Há gemidos no canavial
tal qual corpos que se estorcem
arrepiados da lâmina das palhas —
veludo áspero de taturanas.

Em outro lugar do mundo
(no mesmo silêncio noturno)
a toada do mar reza seu salmo.
Crisântemos se despenteiam
girassóis sem norte perseguem a lua
lírios brotam (em sigilo) da neblina.

Fosse dia,
malhava o seu ferro na atmosfera
a araponga,
preparava rendilhada mantilha a hera.

Cada qual
(a seu modo)
todos burlamos o desconforme da morte.

LOUCURA

A órbita da loucura é imensa.

Aviso às incautas criaturas
tanto quanto
aos navegantes com rumo.

Nela se movem constelações superiores
ilimitadas águas
e as mãos com que Deus nos acena
(segundo a segundo)
com a sua graça.

Consolos prontos a redimir o mundo
palavras ausentes de escrita
ali se asilam
e mais
o risco do iminente abissal.

É tão amplo o rosto da loucura
que podem caber nele
quaisquer
das nossas muitas faces

— inclusive esta com que agora me empenho
em apreendê-lo.

CINCO SONETOS PARA MARIANA ALCOFORADO

Tome um pouco de azul, se a tarde é clara,
e espere pelo instante ocasional.
Nesse curto intervalo Deus prepara
e lhe oferta a palavra inicial.

Aí, adote uma atitude avara:
se você preferir a cor local,
não use mais que o sol de sua cara
e um pedaço de fundo de quintal.

Se não, procure a cinza e essa vagueza
das lembranças da infância, e não se apresse,
antes, deixe levá-lo a correnteza.

Mas ao chegar ao ponto em que se tece
dentro da escuridão a vã certeza,
ponha tudo de lado e então comece.

Carlos Pena Filho, *Para fazer um soneto*

SONETO SENTENCIOSO

Quem nunca deu a si atrevimento
não sabe o quanto perde em ousadia:
insane paz e, nela, a abulia
invade e congela o pensamento.

A vista não alcança o firmamento
nem luz, nem treva insiste em ser seu guia:
não discerne sequer a fantasia —
entrega-se ao rolar, imita o vento.

Nesse aguardar gratuito da ventura
torna infeliz o que já foi ditoso,
da distração recolhe o que lhe move

e põe de parte a asa da loucura.
Fenece em bem, aceita-se operoso:
nada mais há no mundo que o renove.

SONETO PERVERSO

Amo-te muito, meu amor, e tanto
que de amar-te estou disposta em dano;
das minhas mãos não ouso levantar
nem gesto urbano que a teu rosto dar.

De me tragar na fúria do teu gozo
anda o meu corpo a se pender no poço
dos olhos teus (refúgio aterrador)
que põe gelado o desmedido ardor.

Estou vencida mas quisera, entanto,
nos braços teus abrir-me em furor
como um tapete, echarpe, tátil manto

que, de veludo e espinho (em mista dor),
te molestasse, te ferisse tanto
— só pra em seguida mitigar-te, amor.

SONETO INFELIZ

Por onde amor conduz-me à sua gruta
sequer me estende em bem a leve esteira
a me salvar (incauta) da fundura
que entre vida e morte faz fronteira.

Que pese sobre mim grossa madeira
é desamparo que a meu corpo avulta
é (afinal) o dano — a sua multa
por acercar-se tanto dessa beira.

Com turvo afeto, obscuro e mais carente,
da maçã tenho o lado que mereço —
não mordo nada além que a semente.

Entanto, grito ao mundo o que careço
e o brado soa solto — até demente!
Mas por inútil do que diz, padeço.

ENCONTRO

A Linda S. Costa

Madrasta idade a que me obriga agora
(diante do espelho) a contemplar
ao simulacro meu e não a mim.
Ingrata é a lembrança, e ela só,

que (com o seu cortejo de relevos
sobrepostos) aponta ali ausências —
uma imagem na mesma refletida
ambas pasmadas de se verem outra.

De tudo expede e mescla um reflexo
(oh, parca nitidez que não me escapa!)
escarpo o tempo e ele é que me alcança,

o que tampouco muda o amanhã.
No entanto (assim diversa) eu não desisto
de dar meu rosto a esta minha irmã.

TRANSFIGURAÇÃO
À memória de Miralda F. Dantas

Jardim vergado sob o peso do verão
hastes que (renhidas) submetem-se ao chão —
que é da promessa incessante que fizeste
de luz e cor para tuas formas agrestes?

Se mesmo a redentora água não te basta
para devolver de vez nobre a inteireza
que posso eu senão colher as pertinazes
hastes que vertes resistindo a esses meses?

A lagarta (parasitando nos teus ramos)
vive ávida e ágil dessa triste morte —
embora perpetue tua herança baldando

quanto da terra tiraste em tanto esforço.
E só nas borboletas (em seu engenho e arte)
posso reencontrar o teu perdido rosto.

LORCA

El bosque centenario
penetra en la ciudad,
pero el bosque está dentro
del mar.

Hay flechas en el aire
y guerreros que van
perdidos entre ramas
de coral.

Sobre las casas nuevas
se mueve un encinar
y tiene el cielo enormes
curvas de cristal.

F.G. Lorca, *Palimpsestos*

ALADA

Tu ias e vinhas
asfixiando o tempo
como um pássaro que erguesse
as asas para
o volátil.

PASTORAL

A M. Helena Bacchi

Volta setembro
sem que voltes enlaçada a ele
(com flores na cintura
e resto de fontes na face)
como costumavas vir.

Os pássaros
(que te esperam pelas manhãs)
estão todos à orla dos meus passos
achando-me culpado
pelo que (agora) setembro tem de ausência.

Os rios se sentem presos
sem a cascata fina do teu riso
e se alastram pelas margens
em busca de carinho.

Pobre cravo vermelho que te espera desde maio!
Já não sabe ser flor
se (pelas tuas mãos)
não lhe dizes isso.

E os animais
(com a minha culpa)
dirigem-se ao riacho
a ver se conseguem beber
(na pedra)
a tua boca.

LEMBRANÇA FUTURA

A M. Carolina M. O. Souza

Venho para os lugares recolhidos
por nossa luz.
Meninos confabulando episódios recentes,
flores estrebuchando o último sol.
E em cada torrente (com ou sem peixes)
podes sentir o meu enleio —
a aragem que levanto para falar de aves
o sussurro com que evito o grito dos tempos
as ondas que elevo no sangue.

LÍRICA ATÉ

A Luiza Garita

Tu não tinhas este rosto
nem esta febre contagiosa
capaz de dor.
Nem caminhava nos teus olhos
esta linha que costura
não sei que roupas.

Não havia em ti nenhum tempo de asas
observando,
nem este gosto cinza
na maneira das palavras.

Não tinhas esta estranha sapiência
capaz de assustar os gestos
mais recentes.

Tu não tinhas esta postura
com uma flor morta
do lado de cá.

NOITE DE SÃO JOÃO

A Nilma Manfrinato

A lua cheia roça os prados
e os mastros já estão alçados
para alcançá-la.
Meninos saltitam busca-pés.
Arbustos latem agoniados por baixo das folhas.
Há pouco o catavento cacarejou virando-se para o norte —
ciscando a rosa dos ventos.

O rasqueado das violas contagia o milharal,
que entra na folgança com ritmo próprio:
grãos a pipocar na brasa.
E a noite vai indo longe.

O sereno recende agora
a amantes se consumando.
Num último fogo de artifício,
uma voz risca o ar
(em serpentina):
atinge o cimo, extasia,
espirala
suspira

e cai.

AMOR TIRANO

A Naira Dantas

Não te peço os cantos difíceis
das manhãs escurecidas
e nenhuma explicação
sobre a geografia dos voos.

Quero de ti
apenas a vontade aberta
com que os grilos cantam as casas
e os inquilinos se agasalham na noite,
aquietados.

Foste tu que me ergueste na madrugada
e o segredo dos tempos ficou
plasmado no teu ombro.

Vem
que já não posso ouvir deste momento
as horas implacáveis acontecendo pontas
nas paredes.
Aquelas —
que ainda indicam

todos os lados do aconchego.

ROSTO GEOGRÁFICO

Ao Luís Paulo Dantas Lopes

Em teu rosto torturado
há dois lagos que me chamam:
pra um estendo eu os braços
do outro fujo de rastros.

O pátio da tua testa
está calçado de pedras —
não sei como dividir
o que é sombra do que é festa.

Viajam sobre teus olhos
águias claras do prazer
que confundem os seus ninhos
com prantos do meu viver.

E nestes (aprofundadas,
de tantas iscas colher)
em cisnes negros mudadas
beliscam até me fender.

Que o amor seja assim ave,
peixe, largo, dor chagada —
que pra nunca mais me chegue
ou me faça afortunada.

TEMA COM ASA DENTRO

A Sissi Goes Dantas

Mesmo que a asa lance o pássaro
para longe do olhar
minha alma é ninho onde ele
(por ofício)
retorna
pra repousar.

Anseio os dias chuvosos
de pingos que insistem em lavar
e lavrar o coração:
por esses hei de sentir
agulhas e garras
da estimação.

Perdigão perdeu a pena.

Amor penado
é aquele que voa
ou
que tem penas?

QUIMERA

Ao Diogo D. F. Ribeiro

Espero-te
(aqui)
neste jardim
(mais uma vez)
vendo a insistência da vida em parecer jovem
na inquietação dos pássaros.

Abro uma flor na boca
para te chamar
— e o menino de pedra do lago cheio de água

sorri.

HORA MOLHADA

A Eni M. M. de Carvalho

Este é o tempo em que os barcos se recolhem
(úmidos)
para se encostar na noite
e os mares imprimem carinho
no couro da sua fauna.

Que ninguém se lembre agora
do relógio que gasta as horas
tão partidas
em esperanças
e gestos inúteis.

O momento é de ruídos internos na casa —
devaneio e aconchego.
Não me engano:
o ruído desta chuva
desperta de vez
as lembranças que o passado
anda se incumbindo

de afogar.

RÉA

A Luciana Dantas Lopes

Tu pairavas
(alada)
pela mão das heras
traçada pela sombra dos
mais altos ramos.

Até que uma pomba se desprendeu do ar
e trouxe
(para ti)
o segredo do voo.

E tu ficaste
(Réa)
só vestida de vento.

INSTANTÂNEO ARREDIO

A Kátia M. F. Dantas

Do lado de lá do teu rosto
irrompe
um pássaro branco
cantando com as duas asas.

E
(aflita)
levantando os braços
ergues os horizontes
na esperança de que ele
se liberte.

Passa
(rapidamente)
o sol pendurado na janela das casas
e
(na garganta das fontes)
uma alegria quente explode
gorjeios.

PRODÍGIO

Tu já não percorres a rua
mágoas afogando o cabelo
mãos abertas pedindo
as verdades mais recentes.

Veio o sol, a nitidez das manhãs —
os sinais povoando a vida — e
(de repente)
este espanto aderente aos pinhais
ao chão, à solidão clara deste tempo.

Ah, já não retornas com os olhos ensimesmados
(tragados para dentro de si mesmos)
a boca enfaixada de dor
e os passos
desarticulados

como se a música te estivesse a trair.

MIRAGEM SERTANEJA

A Teresa Cabañas

O canto do galo arranha
a tarde esturricada —
mas a paisagem não se abala.
Apoiada na ausência do vento
e em calor cristalizada
ela é muro —
instantâneo vitral
trincado apenas pelo diamante do bico
no cacarejo reincidente.

Mas a fenda aberta entremostra uma outra tarde
— a desejável:
dilatada por voos de borboleta,
esgarçando-se em nuvens
que iludem os olhos
com coágulos de luz prontos a se debulharem.

De modo que a ave sacode o letargo
deixa a preguiça no ninho
e (eólico)
um novo canto ascende
— relampeja —
emprenhando com seu agudo
a chuva

que se despeja.

DALI

As palavras (...) não querem parar no lugar
não querem se aquietar. Estrepitosas vozes,
exasperadas, zombeteiras ou meramente tagarelas
sempre as acuam.

T.S. Eliot, *Four Quartets*

Souvent dans l'être obscur habite un dieu caché;
Et comme un oeil naissant couvert par ses paupières,
Un pur esprit s'accroît sous l'écorce des pierres!

Nerval, *Vers dorés*

GAROTA COM CACHOS

A M. Helena R. da Cunha

Fala-se do
encrespado do seu cabelo.
Das suas costas
nádegas
calcanhar.

Nela se asila
o relevo que a paisagem
não tem

— os arcos de edificação do horizonte
as curvas da botija que traz na mão.

Num estudo de formas
ela será o piso
o baluarte
o obelisco que expande suas ancas

para fertilizar
a aridez dos olhos.

O CONCÍLIO ECUMÊNICO

A Gabriela Caldas

O Concílio Ecumênico decide
quem tem ou não
sexo.
Já a mulher
(a pombinha do Espírito Santo
— sua luz)
esclarece que sim:

só ela é portadora de
pecado.

Alguns anjos tomam partidos controversos
e o tempo das facções celestes
parece principiar

muito embora
a cruz
esteja por toda a parte

— ela mesma
estrutura do cavalete deste quadro de
Dali.

VELÁSQUEZ PINTANDO A INFANTA MARGARIDA COM AS LUZES E SOMBRAS DA SUA PRÓPRIA GLÓRIA

Ao Guile Wisnik

Tiras de luz e sombra
chocam-se no cenário da História.
Engendram
o painel onde a Infanta reina
(debaixo de muitos saiotes)
pelos séculos dos séculos.
Amém.

Miúdo
(imperceptível)
o pintor deu-lhe tudo
(cores, formas, altivez, perfume)
e se exauriu.

Em troca
mudou-se nela
passou-se para a tela —
não mais localizável naquela calle de Sevilha
ou nalgum
dos endereços que frequentou.

Será a arte canibal?

O PRIMEIRO DIA DA PRIMAVERA

A Morceguinha Pedrosa

A única coisa que
(de fato)
é real
está morta:
a minha foto de criança
no meio do trilho do tempo —
massacrada
pelos retalhos de sombras,
pelo peixe de peruca apropriada.

O desprezo pelos acontecimentos estáticos
faz com que o homem de costas
preste atenção no futuro
— tão fora da perspectiva dos outros!

Me interesso pelo objeto
que o moço da mordaça coloca
no balde,
por aqueles pensamentos pendurados
em cabides aéreos,
pelo gafanhoto que
(de barriga)
sustenta um rosto dentro do outro,
pelos cubos, cubinhos
cabeças de pássaros
passarinhos

— mas não quero nem saber
o que a pequena
segreda
ao velho.

ILUSTRAÇÃO PARA TRÊS BICOS

Evito falar da borboleta —
tão óbvia.
Da lagarta e suas metamorfoses
(domínio do bailarino, do músico, do pintor).

Entretanto,
do fidalgo espanhol
(com barbicha à Quijote)
que floresce da sorte entre pétalas
e larvas —
pode-se dizer
que empunha um microfone
como cantor desabrido de rock antigo

enquanto é beijado
por uma mariposa
que o fecunda para sempre nessa posição
de irrequieto botânico —

museu transcultural:
Falla, Diaghilev, Nijinski.

Picasso?

O DESMAME DA MOBÍLIA-NUTRIÇÃO

Há seios na paisagem:
nuvens e montanha.
Mas é a mulher quem desmama o seu móvel

— tão dolorosa a separação
que só se sustém com escora.

A cômoda se desaleita
da sua garrafa
e do criado-mudo.
Os barcos deixam o mar.
A amplidão abre um istmo na solidão.

É tempo de apartamentos.

De se nutrir sozinho.
De despedir equipamentos.
De aprestar desapegos.

Adeus
caros peitos alheios!

NATUREZA-MORTA VIVENTE

A Floriano Martins

Culpa do delicado voo da andorinha,
o desequilíbrio da mesa
mete tremor nas fruteiras
arremessa maçãs para o Éden
faz cometa das cerejas.

Flutua o brócolis em regime de nave-mãe
enquanto põe embaraço
no impecável da toalha de almoço
— já um tanto alvoroçada e picotada
pela iminente imaginação
da faca.

É verdade que nesse terraço
(onde se perscruta o limite entre mortos e vivos)
nada perturba o mar que flui à deriva.
Tudo está plácido à tona d'água
— e o mesmo se diz daquilo que
(como o céu)
não sofre ranhuras —
ainda que abalado pela alada imagem inicial.

Há uma pera no ar.
E duas azeitonas que colho ao léu
mas com as quais mal posso preparar o drinque:

álcool volatizado na direção
do arremesso.

ESFINGE DE AÇÚCAR

Ao Sandro D. F. Carsava

A desmesura do inabitável
(horizonte de crescente ouro à frente)
expande
vasto mistério.

Ela o cogita
solitária
sentada sobre a pedra
que nada relata.

E de costas
rejeita
o nosso concurso.

Quer apenas para si
o pasmo agridoce
do enigma.

TRÊS MOÇAS SURREALISTAS SEGURANDO EM SEUS BRAÇOS AS PELES DE UMA ORQUESTRA

As minhas irmãs

A trompa repousa muda
(em primeiro plano, desgarrada)
sobre a areia branca
capaz de sombras.
Tornaram-se estéreis as moças?

Faz a ponte entre este entendimento
(que vem de baixo)
e os dedos de uma das três impassíveis damas
(nuas, de pé, cabeças de arbusto podado) —
um teclado pastoso e desconjuntado
abortado de sons.
Se ela o estica ainda mais
o mole piano vira pano —
vira tripa.

Mas a segunda dá fé e acena e adverte que basta:
que a partida está vencida.
A derradeira delas transporta (então) cautelosa
a delicada pele do violoncelo:
o fraque de matrimônio.

A aridez da tela, entretanto,
não está para isso. Sol a pino.

De medo que a cor prolifere,
o maestro suspende o traço

e ensurdece o quadro.

A MÃO

Como é raso o entendimento da vida:
planícies com disciplinados desníveis
em organizados degraus
(poucos, aliás);
um ou outro pequeno grupo
à espera de milagres;
céu de cenário indicando bem-estar
— e (todavia)

eu,
no meu instrumento de tortura
que me penetra de alto a baixo,
cetro soberano
a suspender a outra versão de mim
(cabelos que destampam o rosto fácil)
e a grande mão que estendo

(de benevolência)
para as esperanças frugais.

Pareço por acaso
comodamente instalada na minha
temperança?

VAN GOGH

As pessoas não podem ver coisa alguma no mundo real, a não ser que se tornem essa mesma coisa. Você se torna o que vê.

O Evangelho Segundo Filipe

O BOM SAMARITANO

A Jesumina D. Dal Farra

Para encarnar a bondade bíblica
o samaritano está inflectido —
vergado sob o peso da lição
que tem a nos oferecer,
a nós — míseros mortais.
Até o céu se entorna contra ele,

para que o sustente.

RETRATO DO ESCRITOR BELGA EUGENE BOCH

À memória de Carlos de Oliveira

Nele
encontro apenas o restrito
nervo: as palavras nuas
o descarnado rosto
— a magrém do exato —
e os olhos
que imitam
a boca —
esta que se fecha
(constricta) —

em prol da veemente
lhaneza.

CHAMINÉS AO CAIR DO SOL
A M. Sílvia Dal Farra

É possível às casas andar,
deambular?

A fumaça responde que sim
e alegre as vai movendo
num carrossel que rodopia a vida.

Só nós
os espectadores
permanecemos imóveis

e a salvo da existência que
(fogosa)
se evapora.

VASO COM ROSAS

A Margareth P. Pinheiro

Belas as pétalas
que não querem outra coisa
senão ser flores.
Conformam-se as rosas em ornar o móvel
em fascinar os olhos que as miram
desfolhando-se até a extinção dos dias
para enfeitar (de novo) toalha e mesa
que hão de rendilhar com as mesmas flores:
as fanadas.

Ensinam
(humildes)
o pacífico existir.

LEMBRANÇAS DE UM JARDIM

A Magdalena Plech

Sombras e vultos.
Ninguém ousa atravessar
tais descampados.
Todavia
uma mulher toca a terra
e
(porque se ajoelha)
pertence de certeza a ela.
Como em tempos de antanho,
em vegetação tornaram-se
os passantes deste paraíso — e,
como árvores, gramíneas, flores
(até pedras)
daqui jamais se ausentaram.

Os caminhos sinuosos
guardam ainda estado de edênica serpente
que há de rastejar
e rastejar
até se converter

na pergunta final.

RUELA NAS SANTAS MARIAS

A M. Aparecida Mendes

Quase toda a rua se inclina
para um ponto só.

A fileira de pirâmides
(desta era)
se abastece da calidez da tarde:
chaminés acesas
fumegando repastos frugais,
implícitos gatos encaracolados no quente —
aconchego de casais:

a vida
(a mais prenhe).

RETRATO DE JOSEPH ROULIN, SENTADO

O uniforme dá dignidade à
mais antiga função:
Mercúrio entregador de mensagens,
asas prontas para os longes,
ímã nas botas de juntar povos.

O orgulho em ostentar a profissão
alarga os gestos,
dá solidez à cabeça:

torna anciã a barba.

FESTA DO 14 DE JULHO

As cores da bandeira substituem
nesta data
os tons do ar e das nuvens.
O dia se torna
deveras
nativo
e os franceses
(sempre tão nacionais)
aproveitam o pretexto

para vibrarem novas glórias.

A PASTORA

A M. Márcia D. F. Carsava

Eis a visada moça —
impropriamente apreendida
fora daquilo que a nomeia.
Onde estão as ovelhas,
o cão de guarda,
os recursos do pastoreio?
Apenas o bordão a sustenta.

Tomada no único momento
em que não exerce a faina —

ela revela a regra.

NATUREZA-MORTA COM LIMÕES
Ao Danilo D. F. Ribeiro

Eis o milagre de espremer limões contra a paisagem,
de pingar (sem pressa) seu sumo
de borrifar com ele o papel da parede,
os matizes da garrafa,
respingando
(pela interpretação inteira)
a cor
para que
(enfim)
a força cítrica emprenhe
de vez

toda a pintura.

A ITALIANA

A Ana M. M. Guimarães

Parece que
as aspirações (todas)
migraram para a alegria
(conturbada)
da roda da sua saia — do seu vestido.
O rosto é enigmático e fechado
porque (em compensação)
as mãos trazem flores.
Os olhos permanecem silentes

para que o corpo possa
(depois)
cantar primaveras.

NOITE ESTRELADA SOBRE O RHÔNE

A Lelita Benoit

Imersa está a noite em sua nebulosa,
sem olhos com que
distinga alguma rota por onde se soerguer
— ao menos um pouco.
A parca luz luta
por se multiplicar
e se dilata graças à clemência das águas que
(em móvel espelho)
lhe socorrem a amplitude. Com não menos esforço
as estrelas
(parentes destas)

tratam de acudi-las:
perfuram grossas nuvens.

Só então a noite se alumia

— coletiva.

A SALA DE DANÇA NOS ARLES

De repente Lautrec,
Van Gogh confunde os tons:
igual perspectiva de ambientes
ar concentrado
o apinhado das gentes
caras vergadas de curiosidade,
um tanto espalhafatas na exuberância dos penteados
— estes, mais visados que os rostos
entretidos com o que não se vê.

O compartimento superior do salão
é (no entanto)
privilégio de outros que
(distantes da algazarra de baixo)
se entretêm
como eu
(como ele)

a observar.

MAX ERNST

Parece que quem dorme participa de uma
vontade de ocultação, de uma vontade da noite.

Gaston Bachelard, *Le droit de rêver*

Quem te fez, assim soturno
inquieto reino mineral,
escondido chão noturno?

Jorge de Lima, *Invenção de Orfeu*

Le soleil volait bas, aussi bas que l'oiseau.
La nuit les éteignit tous deux.
Je les aimais.

René Char

ERNST

Visão de cima sobre terrenos baldios
(geométricos e estéreis)
meticulosos labirintos aplainados e limpos

deserto limitado por muros de coloração amena
perante imensidão azul —

propriedade privada para habitante nenhum.

É Max Ernst povoando seu verso.

LE BAISER

A Renata D. F. Carsava

Curvas são as linhas
que se prestam ao amor —
cortado ao meio por reta
(divisória entre azul e marrom).
Negros são os polos transversais
para conter o rubro fogo
do centro da lenha —
no leme do instinto.

O movimento aplicado ao desejo
em muito multiplica os amantes
acolchoados pela misericórdia do artista
que lhes estende (sobre a tela)
céu e terra
onde recostar inquietos suspiros.

Podemos nos deitar agora
que o quadro se sustenta por seu próprio pé.

FEMME, VEILLARD ET FLEUR

A Vilma Arêas

Que faço com o tom etrusco
que o leque dá à minha cabeça?
Veja: eu sou a mulher
e
(na transparência dos meus seios)
cavalga o mar.
De costas, e um pouco nua,
risco a tela com os meus braços
e atraio para mim a paisagem.

É de dança que se trata —
da mesma que a velha
(eu, sua parenta)
cadencia ao me enlaçar criança.

Que faço com esta flor
numa praia assim deserta?

LES PLÉIADES

Nua
(no centro do dilacerado azul)
suspensa estou apenas
pela espingarda do meu braço
que dá eixo ao mundo sideral
— deslocada cabeça.

Aplacados das chuvas
os horizontes se distribuem
em persianas voláteis

enquanto aguardo do remanescente relâmpago
o bastante para preencher
a sombra aconchegada do meu púbis.

PIETÀ OU LA RÉVOLUTION LA NUIT

Rua sem saída:
a escada sobe para a água-furtada
e (com ela)
estou de joelhos.

É preciso entanto
que eu me carregue enfermo ao colo
pois que o homem que serei
me espera pra ressuscitar.

Me amparo às grades
e antepasso contra um nível e outro:
mas a boca de luz morde por baixo
as minhas sombras.

Quem é que
desliza os seus anos sobre mim?

LES HOMMES N'EN SAURONT RIEN

Ao Samuel Leon

A boca do universo
é sempre uma cópula encetada
entre homem, mulher e lua:

lábios,
totem com terceiro olho
a expandir movimento para todo o tempo.

Através de ti
os faróis são ígneos
e a vista se regula
a vasculhar o nada.

MAX ERNST

À memória de Robert Dierckx

Ele sonda a floresta, o sol, o pássaro,
o mar —
sempre à deriva, empunha o punhal
contra os emblemas.

Nada há a perceber
antes a ver: hordas de quimeras
pedem abluções antigas e explodem a ótica
(irritam o olhar)
que rasura o azul — alucinação
esfregada contra o chumbo
(por entre dobraduras visionárias).

Matéria interrogada até o inesperado.
Magnetizante pestanejar da cegueira
onde me pratico espectador —
corolário, decalque, sequela.

Que micróbios atravessam meu temperamento?

PALIMPSESTO

A Mécia de Sena

Foi Nadja que viu
(em Breton)
a mão de fogo de Chirico —
angustiosa viagem, enigma fatal
de que os homens nada saberão
nem mesmo lendo em detalhe as legendas
da tela de Max Ernst:

linhas da palma da mesma mão
que (no rosto de Breton) se digitavam.

Reles quiromancia humana
onde a destra repousa
ou suspensa fica por muitos fios
(semáforo sobre ladrilhos)
quadro sobre quadro

num mundo tão pequeno para os quatro!

RILKE

Quem, se eu gritar, me ouvirá, pois, dentre
a legião de anjos? e supondo mesmo que um, dentre eles,
me aperte de repente contra seu coração, eu perecerei
do peso de sua presença. Porque o Belo não é senão
o começo do Terrível.

R.M. Rilke, *As elegias de Duíno*

MUSA

A Ângela de Oliveira

Trabalho com os dedos
a tua antiga face
porque é dela que me vem
a permanente beleza.
É como se desviasse o curso da nascente
para dali exaurir o caudal de mel —
a benfazeja doçura do incessante batismo
que discerne na pedra, na água, na ramagem

a cerrada trava muda.

POÉTICA

Ao Lucas Dantas Lopes

De botânica tudo ignoro
mas amo as plantas
e as árvores e as flores
e as abelhas que as inventam
e o inseto a quem emprestam cor
e a aranha que lhes filtra (geométrica) a luz,
o gafanhoto, o besouro
a borboleta.

Elos do mesmo vegetal
estes contêm aqueles —
são deles a entranhada memória
a mala:
a muda
no salto para outra esfera.

Eis como a pétala ganha asas.
Eis como voo.

SECA

A Valéria Costa e Silva

Deste chão afadigado
só brotam
espigas murchas do desamparo
que
(aliás)
nada narram:
nem mesmo a angústia
no ventre da terra acumulada.
Apenas as novilhas insistem em mugir —
mas são soluços alongados de míngua
crescendo num apogeu de estrondo
que esburaca o silêncio
e deixa ainda mais só
esta planície desmanchada em aridez.

Espinhos cutucariam o céu
se pudessem tocá-lo
ou às rentes aves que vigiam os pastos.
Mas sequer têm força

para pinicar o que os aflige.

PENTEANDO UMA CABEÇA GREGA

Ao Rubens Rodrigues Torres Filho

A atenção do rosto grego
está toda nos cabelos —
a porção mais inquieta do mármore.
Daí que a ausência do urgente instrumento
para subjugá-los
embarace o enigma mais à mão:
o pente
(fuso das parcas)
tece ou doma os fios?

Indiferente à pergunta,
a peruca
(coroa de fina trança e franja)
desce distraída pelos cantos da nuca
como rios que
(de repente)
se encapelassem na barba —
barca que traz impressa na carcaça
as ondas do mar Egeu.

À tona
o golfo fundo dos olhos ocos
mostra cavidade bastante para desvendar
o curso dos anos e oceanos.
Mas ainda assim
(patética)
a máscara boia entre tragédia e riso
e o ricto da boca
(imperceptível)

se afunda ornado de medusas —
que asseguram em coro:

devora-me ou decifro-te!

PUNHADOS PARA UM POEMA

Para Solange Rivas e a trupe do "Auras"

Tudo o que o poema deve ter:

fúrias aladas, alaúdes,
profecias, corpo, destemperos,
balaústres contra o tempo,
gorjeios do impossível,
demônios —
vida, a mais doída.

Cacto fechado em seu espinho
ele te dá apenas a flor vermelha
do seu ventre de solitária ardência.

Que esperas? Faze dela
o teu dilema

— o tão aguardado amor.

SAMAMBAIA

A Selma Borges de Paula

A memória geológica está confusa
diante da recente semente,
da porção mais íntima do póstero corpo esguio
que
(agora)
acorda
cá em baixo.
O ângulo dessa pedra que a intercepta
pode ensinar-lhe (mercê do peso e limite)
a ternura do molde
a resina (quem sabe)
o calor de um outro aroma.

Do mais profundo carvão
há de jorrar (depois) a vocação vegetal:
esta mesma que o tenro caule
(quando então se enrodilhar)
vai espargir no sopro de incessantes cachoeiras
(intensas e verdes):
rendas de riso
do moroso edifício que
a planta estava todo o tempo a erigir.

DANÇARINA ESPANHOLA

Ao Izalco Sardenberg Neto

Das pupilas
(halo que multiplica flamas)
raia *honda* a dança,
que se alastra (redonda) em fogueira
e ateia vestido, cabelo, brincos —
donde se evadem
(selvagens e em guizos)
as cobras em pânico dos braços.
Logo o espírito está nutrido
e dispensa
(foco a foco)
as restantes labaredas.

Aí, ardente de si
— prometeica —
ela
(de uma só feita)
a tudo desdenha
e alteia a cabeça contra a fumaça irada
edificando (no vago ar) a clareira.

Só então se aquieta:
pertencem-lhe o fogo

— e a arte.

SINA

À memória de João Luís Lafetá

A palavra se move
(íntima, precária)
com não sei quê sorrateiro.
Se põe a zombar de mim
(a me trair)
acenando de longe apenas com o fiapo
do que tinha dentro.

Ainda tento com a voz erguê-la
mas seus sons são pardos —
envultados.

Lastimo essa coisa que não sei dizer
essa árvore que (inútil) tenta se evadir do chão
e choro (no sentido delas)
a minha escrita —
de bruços

mas renhida como um refém.

POEMA

A Antonio Candido

O ondulado mar
(crina arisca de versos)
galopa na areia imóvel desta página.
Dos cascos e redemoinhos do acaso
faço argolas de Iemanjá,
pulseiras com que ela dança
acatando
o rito dos náufragos.
Nesse ritmo
eu mesma me afogo na gramática deslizante
dessas águas
como se imergisse para o imo hipnótico
onde as ondas
sussurram vocábulos em tom de sonda.

Mimosos cavalos marinhos
escavam (sem patas)
a massa lendária deste papel,

e flores aquosas, arabescos de espuma,
calêndulas
(e até peixes)
sobem à tona
apenas

para comprovar o milagre da escrita.

MUDAS CINZAS

A Jesana B. Pereira e ao
pessoal do "5ª Curta As Mulheres"

Tudo o que é belo
a morte devora:
o pássaro, o êxtase, a veemência das musas,
a infância —
inscrita no vento
ou na água nascente
a vida nada retém.

Indago em vão
as mudas cinzas porque sei
que cada pequena coisa
pede canto.

Ó Deus,
escutai ao menos estes versos
que não vos censuro por acompanhardes
(do alto)
a minha angústia.

RILKE

A Ecléa Bosi

Quem,
(se eu gritar)
me acudirá
debaixo da imensidão dos céus?

Quem
(da legião dispersa de anjos)
pousará de leve as asas
sobre a minha voz?
E me estarrecerá
com a luz do derradeiro prodígio?

É na face do Belo que começa
o Terrífico —

e o meu grito é já contínuo.

KLIMT

Em minha aventura de leitor, fico impaciente por chegar ao abrigo de meus grandes devaneios.

Gaston Bachelard, *Le droit de rêver*

As árvores lançam, pelo menos é o que pensam, não importa que palavras, lançam caules para neles suspenderem mais palavras: os nossos troncos, pensam elas, aqui estão para tudo assumirem. Julgam poder dizer tudo, recobrir inteiramente o mundo com palavras variadas: mas não dizem senão "as árvores".

Francis Ponge, *Le parti pris des choses*

O AMOR

A Jaci dos Santos

São tantos de nós a vigiar o beijo
que é preciso
fechar os olhos
para estarmos
a sós.

Beijamos a nossa solidão —
porque ali a encontramos melhor.

ÁGUAS MOVENTES

A M. Elena O. O. Assumpção

Quem
melhor que a mulher
para afiançar
a inconstância da mudança?
A água é o seu elemento,
matéria onde se afunda
e se molda — irremissivelmente.

Por causa dela
há escafandristas
enigmas de baixo
algas
sondas
e
(mais que todos)
o polvo.
Será ela capturável?

Se braços podem contê-la
liquefeita escapole pelas bordas.
Nela
toda a tensão se adelgaça —
quem se entrega?

Águas moventes,
a mulher é o ventre
onde a morte

à vida permanece presa.

RETRATO INACABADO DE JOHANNA STAUDE

Ao Alexandre Dal Farra

Mais para Pierrot está
esta Johanna inacabada —
mas sem carnaval nos olhos
e (menos ainda) alguma chama.
Há algo como um ponto fixo:
alheamento.
Uma abstração os verrumou
e a transporta para um mundo
peregrino:

sem portos,
sem fim
sem remissão.

Por onde retomá-la?

ALEGRIA, BELA ESTRELA DIVINA
A Raquel e José Luiz Passos

O tempo os enrodilha
jogando-os para dentro de si.
Sob o signo de lua e sol,
o mundo que inauguram
é diverso e igual.

Apoiam-se um no outro,
rodeados pelo ouro
(o pó das eras)
que o amor vai aos poucos fabulando.
Alheios ao que exalam
mantêm-se a se entreolhar
perdidos
abraçados —
pendidos em si.

Tudo vibra
estremece
mal se contém.
Há até fluidos
que se enroscam
inebriantes —
a fazer par

com a temperatura arfante.

A ESPERANÇA

A José João Cury

Em se tratando de vida
há sempre máscaras em vigília:
a morte, o desgosto,
o sorriso contradito.
A mulher prenhe está nua
e de perfil
apenas para mostrar que existir faz relevo
— muito embora seu rosto
em nada lance esperança.
Apática
é à família das metáforas que pertence
e não à do ente prestes a surgir.

As estrelas pontilhando
o vermelho do seu cabelo
atestam a felicidade
que todos se afincam em negar.
É a alegria humana — sideral?
E a perpetuação da vida

— mero prazer dos deuses?

O IDÍLIO

A Elzinha Feitosa Moura

Na sua nudez tão casta
parece a mãe
irmã dos meninos:
o mesmo olhar de quem dá
é o de quem recebe — delicadeza
candura
espelho há na taça que oferece.

É este o idílio? Ou aquele
que vai de mim em direção
à jovem?
Ou ainda aquele que parte
dos observadores laterais
— assim enciumados?

Um finge
não se importar com a dedicação inequívoca
da amada.
O outro simula igual.
De qualquer forma
ambos emolduram e protegem
o amor maternal —

custe o que custar!

A FÁBULA

A Cleide S. Yasoshima

Que faz esta mulher nua
em meio ao adormecido leão,
à raposa
(que zela pelo frasco)
aos dois ambíguos flamingos
— diante da escuridão de uma floresta
que se empenha em escondê-los?
De que fábula emerge ela?

Arbitrária,
a luz
(sem qualquer estímulo real)
protege-a e a destaca dos outros,
de maneira que
apenas ela caminha em direção ao espectador
(deslocada)

— ela própria em busca de uma explicação.

ARTE EGÍPCIA. ANTIQUIDADE GREGA
À memória de Michel Lahud

Ela devia ser apenas um motivo.
Mas seu ar etéreo
a mete
(de chofre)
no eixo do olhar.

Nem portais, nem colunas —
nada pode nos levar
mais pra além
do halo magnético.

Um único receio:
que ela bata asas
e se esconda
(em definitivo)

do nosso convívio.

MACIEIRAS

A Almerinda

Onde os frutos, onde a flor?
Um no outro se transmuda
em contínuo florescer,
em imóvel converter

como o tempo —
como a vida
(aquela que o primeiro pecado ensina).
Os pomos saltam sem recato
para a nossa vista
para o colo, para o tato.

Aspiram à nossa mordida.

SERPENTES DA ÁGUA

Seres ondulantes,
as mulheres deitam-se sobre as águas.
Estrelas cintilam
(nos seus cabelos)
espumas noturnas —
verdadeiro travesseiro de incertezas.
Fitam-nos de esguelha:
espelham o lusco-fusco do líquido
— do perigo.

Teria Klimt se apercebido que
(fixando-as)
perenizava a movência?

O dourado
(pontilhado claro-escuro)
dá alma ao nirvana em que
(nesse elemento)
elas pairam serenas.

Desde a ancestral,
que serpentes magnetizam
(mais que estas)
a nossa vista?

SECESSÃO (ANTES DA CENSURA)

O minotauro não se esconde.
Há vigilância sobre todos os seus atos
(que não são poucos)
e ele se esquiva do espelho.

Ameaças no ar.

Apenas uma linda guerreira
zela

pela integridade física do painel.

O GRANDE PEUPLIER ANTES DA TEMPESTADE

À memória de João Alexandre Barbosa

Mais para Van Gogh fui nascido
(diz para Klimt o seu quadro):
igual impacto sustido no vento,
o mesmo traço de fumaça pra que a árvore
se esconda — a mesma amplidão,
a imensa desmesura do espaço aberto.

Só a borrasca
(destoada)
desata
afinal.
Mas para apagar
o quê?

O fogo das folhas
ou

a recente assinatura?

LA DAME À LA LICORNE

A crítica moderna buscou que significação dar às cenas das seis tapeçarias. Para cinco dentre elas permanece correntemente mantida uma alegoria dos sentidos. (...) Somente a sexta não recebeu interpretação satisfatória. (...) O conjunto das tapeçarias da "Dame à la Licorne", verdadeiro "Mutus Liber", [é] onde se encontram os atores principais e as operações da Grande Obra.

Bernard Roger, *Paris et l'alchimie*.

A admirável série de tapeçarias dita "de la Licorne", conservadas no museu de Cluny, em Paris, ilustra essa pureza. O animal fabuloso não se deixa acariciar senão por uma virgem de corpo, de alma e de espírito.

P. Mariel, *Dictionnaire des Sociétés Secrètes en Occident*.

LA DAME À LA LICORNE

A Vanessa Droz

A dama se faz acompanhar do unicórnio
em todas as telas
— ele passeia pelos sentidos dela.
Faz gosto vê-lo assim,
doméstico,
mimoso animal de estimação
indeciso entre cão e gato.

Dela,
a vista se espraia
pelo corno branco de lua
enquanto tateia na pluma que o recobre
a ave de cascos suspensa
sobre o espírito da tapeçaria.
Dele,
o focinho inspira flores ao derredor,
ramagens, maçã, perfumes:
o meigo bichinho ensina à dama o regime do sol.
Sua voz indivisa é guia
e a dama apanha as cifras:
são raízes, fósseis que se desprendem das pedras,
ocultas nascentes reclamando o ouvido.

Ele passa-lhe tudo o que sabe.
Mas é o amor dela que lhe dá sentido.

REVERBERAÇÃO

A Aline Cajé

A dama
(essa virgem)
no centro
entre enxofre e mercúrio
quer apenas conhecer-se.
Por isso estende o espelho:
para que ela própria se retorne
no olhar que o licorne aprisiona
quando retém de si o reflexo.

Olhando-o
ela não se refrata.
Antes
se espelha
e (muda)
se retrata.

O OUVIDO

A Acê Dal Farra

Ensinamentos do ouvido
transmigram para a vista,
que amplia ao máximo a tapeçaria —
inventando parelhas pelo espelho refletidas.
A dama ganha a aia
o lobo seu cordeiro
o pato, o falcão
a raposa sua lebre.
Duplicam-se árvores e estandartes
e o tempo
(irregular e matreiro)
só põe idade em pouquíssimas delas.

Corta o centro da tela
o som do teclado portátil
acionado pelos leves dedos da dama
ao fole da serviçal.
Debaixo dos goles
leão e licorne
(vigias da nitidez canora)
tanto zelam pelos lados do quadro
quanto dão jaula ao instrumento.
Preso
o som escapole pelos tubos
e desfralda apenas
a bandeira indizível —

visto que é do difícil sopro
que se trata.

O ESPELHO

A Adriana Sacramento

Dama e unicórnio se tocam
ungidos num mesmo enlevo
cujo laço é o espelho.
Ela amacia a sua crina
ele lhe cava
(com cascos de nuvem)
o ventre.
Assim
retém ela na mão
a imagem que seus olhos
dele obtêm.

E o circuito se fecha:
ambos se completam no fecundo objeto
onde principia e termina o mundo.

LEÃO E LICORNE

A Zé Martin

Sentinela do colóquio entre dama e unicórnio
se apruma à direita
o leão —
juba de ascese, filosofal barba
a conferir-lhe acuidade à vista.

A lança das justas suspensa
(demarcação do limite da ilha)
tem já desperta a seta da defesa:

por goles
a lua em três quartos crescentes do estandarte
obnubila o inimigo.
Que nada iniba a lição!

Do leão
o componente macho
emprestado está à amendoeira
(que lhe completa a cabeça) —
árvore de muitos frutos em ereção —

enquanto a conivência de uma outra norma
transforma em hélice
o corne varonil.

O caracol do licorne
perfura o ar:

investiga a lei.

OBRA AO BRANCO

O enxofre
(no seu elemento)
se abriga sob a amendoeira —
e o leão branco das insígnias
que não tremula (por ser fixo)
— coagula.
Já o mercúrio se dissolve,
atraído pela Virgem
(ímã e irmã em condição).

Sob a sombra do pé de amora
o licorne ancora a cor de lua do corno
o chuvisco do couro
a nuvem dos cascos cristalinos.
E a obra apenas se inicia agora
no colo da dama.

Ambos
observam
(no espelho)
o exemplo da natura:
o que está em cima
está em baixo —
e o espírito do unicórnio
percorre adentro as formas da dama.

Tudo prodígio da vista!

OS MUITOS

A Suzy Delgado

A dama contempla o licorne
(que se olha no espelho):
eis o tripé onde a vista se sustenta.
Visto que a natureza de ambos
é em tudo diversa,
a dama nele se mira
e assim se refletem. Salvo o leão
(que com ígneo espírito)
vigia o inimigo.

O mundo começa
nesta ilha azul —
ovo alcatifado por folhas e flores,
pasto para o cão, a fuinha,
a lebre —
seres breves a transitar tanto pela terra
quanto pelo céu vermelho —
fundo picado do sangue dos muitos dedos
que lavraram a tapeçaria.

Ah, esses artistas da alquimia!

CABALA

Ao Cláudio Willer

É um triângulo o que a vista alcança
por sobre a ilha que é no mundo órfã;
quase invisível, nasce ele da aliança
entre o leão, a dama e o unicórnio.

Redondo é o mundo em sua quintessência
(a pirâmide do olhar o sustenta)
— são simulacros que a vida suspende
terreno que o retângulo encerra.

É o zero, é o três, é o quatro, é o sete — é Deus.
É o mercúrio a seduzir o enxofre.
As plantas, e os animais, e eu

somos transpostos para outra esfera
onde o prodígio da Grã-obra impera.
Licorne: cavalo solar — cavala.

SOBRE A AUTORA

Paulista de Botucatu, onde nasceu a 14 de outubro de 1944, Maria Lúcia Dal Farra só estreia em poesia em 1994, com o *Livro de auras*, seguido, em 2002, pelo *Livro de possuídos* (poesia) e, em 2005, pelo *Inquilina do intervalo* (ficções) — todos publicados pela Iluminuras, de São Paulo. Estudou em sua terra natal, em São Paulo, Lisboa, Paris, e vive desde 1986 no Sergipe. Aposentada da Universidade Federal de Sergipe, continua trabalhando como pesquisadora do CNPq, tendo sido professora na USP, na Unicamp e em Berkeley (Califórnia, USA). Em Campinas, integrou (desde 1974) a equipe de Antonio Candido, responsável pela fundação do Departamento de Teoria Literária e do Instituto de Estudos da Linguagem da Unicamp, dos quais apenas se ausentou quando foi morar no Nordeste.

Tem publicados mais de centena de artigos e ensaios, dentre os quais se destacam *As pessoas de uma incógnita. Estudo sobre Fernando Pessoa e as Inéditas* (Lisboa: Boletim Cultural da Assembleia Distrital de Lisboa, 1977); *O narrador ensimesmado. Estudo dos romances de primeira pessoa de Vergílio Ferreira* (São Paulo: Ática, 1978); *A alquimia da linguagem. Leitura da cosmogonia poética de Herberto Helder* (Lisboa: Imprensa Nacional/Casa da Moeda, 1986); *Florbela Espanca, Trocando olhares* (Lisboa: Imprensa Nacional/Casa da Moeda, 1994); *Florbela Espanca* (Rio de Janeiro: Agir, 1996); *Poemas de Florbela Espanca* (São Paulo: Martins Fontes, 1996); *Florbela Espanca, Afinado desconcerto* (São Paulo: Iluminuras, 2002); *Florbela Espanca, À margem dum soneto / O resto é perfume* (Rio de Janeiro: 7 Letras, 2007); e *Perdidamente. Correspondência amorosa de Florbela Espanca 1920-1925* (Porto: Quasi, 2008, apresentação de Inês Pedrosa).

Em 2003, recebeu o título de Cidadã Sergipana e, em 2005, tornou-se patrona da cadeira n. 25 na Academia Botucatuense de Letras. Sua obra poética integra dicionários e antologias literárias (brasileiras e estrangeiras) e tem sido objeto de trabalhos de pós-graduação, mestrado e doutorado.

CADASTRO ILUMINURAS

Para receber informações sobre nossos lançamentos e promoções envie e-mail para:

cadastro@iluminuras.com.br

Este livro foi composto em Times pela Iluminuras e terminou de ser impresso em novembro de 2012 nas oficinas da *Orgrafic Gráfica*, em São Paulo, SP, em papel offset 120 gramas.